AF308743

ORPHÉE
ET
EURIDICE,
DRAME-HÉROÏQUE
EN TROIS ACTES;
REPRÉSENTÉ,
POUR LA PREMIÈRE FOIS,
PAR L'ACADEMIE-ROYALE
DE MUSIQUE,

Le Mardi 2 Août 1774.

PRIX XXX. SOLS.

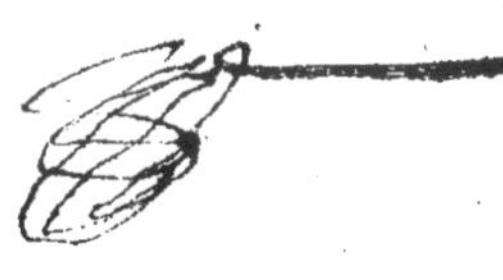

AUX DÉPENS DE L'ACADÉMIE.

A PARIS, Chés DELORMEL, Imprimeur de ladite Académie, rue du Foin, à l'Image Sainte Genevieve.

On trouvera des Exemplaires du Poeme à la Salle de l'Opera.

M. DCC. LXXIV.

AVEC APPROBATION ET PRIVILEGE DU ROI.

La Traduction de ce Poeme est de M. MOLINE.

La Musique est de M. le Chevalier GLUCK.

ARGUMENT.

Te dulcis conjux, te folo in littore fecum,
Te veniente die, te difcedente canebat.

Virg. Georg. Liv. iv.

LA Fable d'Orphée & d'Euridice eft affez connue, pour ne pas entrer dans un long détail à cet objet.

Les Poëtes nous ont appris qu'Euridice mourut dans les campagnes de Thrace, de la morfure d'un ferpent, quelques jours après fon mariage avec Orphée.

Pour conferver l'unité de lieu dans ce Poëme, on fuppofe que fon tombeau eft placé dans une campagne voifine du lac d'Averne, qui conduit à l'entrée des Enfers. Les Dieux touchés du défefpoir d'Orphée, lui permettent de pénétrer dans les Champs Elifées pour en retirer Euridice, à condition qu'il ne la regardera point qu'il ne foit de retour fur la terre. Orphée, avant de fortir des enfers, preffé par la violence de fon amour, oublie la loi qui lui eft impofée, & donne la mort à Euridice, en ofant la regarder. Pour adapter cette fable à notre fcéne, on a été obligé de changer la cataftrophe, & d'y ajouter l'épifode de l'A-

mour qui réunit ces epoux. Ovide rapporte ce su-
jet dans le dixieme Livre de ſes métamorphoſes ,
& Virgile en fait mention dans le quatrieme Chant
de ſes Géorgiques , & dans le ſixieme de ſon
Enéïde.

M. Calzabigi eſt l'Auteur du Poëme Italien.
On a ſuivi auſſi littéralement qu'il étoit poſſible
l'original dans la traduction : ce foible ouvrage
ſemble exiger plus d'indulgence qu'aucun autre ,
par l'extrême difficulté d'adapter la Poëſie Fran-
çaiſe à la Muſique expreſſive d'un Opéra , qui a
déjà été repréſenté avec ſuccès ſur les principaux
théâtres de l'Europe.

ACTEURS ET ACTRICES

CHANTANT DANS LES CHŒURS.

Côté du Roi.		Côté de la Reine	
Mesdemoiselles. Messieurs.		*Mesdemoiselles. Messieurs.*	
Garrus.	Cailteau.	le Bourgeois.	Candeille.
la Guerre.	Héri.	d'Agée.	Vatelin.
de Laurette.	Lagier.	Chenais.	l'Écuyer.
Fontenet.	Van-Hecke.	de l'Or.	Tourcati.
d'Hautrive.	Martin.	des Rosières.	Ghuiot.
Veron.	le Grand.	de Merei.	Capoi.
Renard.	Hallmans.	Denis, l.	Moreau.
Rouxelin.	Boi.	Déjardins.	Méon.
du Fresnoi.	Huet.	Thaunat	Beghaim.
de Ponjot.	Itasse.	St. Lavau.	Cleret.
	Parant, c.		Tacusset.
	Jouve.		Baillon.
	Patoulet.		de Lori.
			Fagnan.

ACTEURS.

Orphée,	M. le Gros.
Euridice,	Mlle. Arnoud.
l'Amour,	Mlle. Rosalie.

Suite d'*Orphée*,

Nymphes de la suite d'*Euridice*.

Troupe de Bergers et de Bergeres.

Troupe de Démons et de Spectres.

Furies.

Ombres des Champs Élisées.

Troupe de Héros et d'Héroines.

Suite de l'Amour.

PERSONNAGES DANSANTS

ACTE PREMIER.

BERGERS ET BERGERES.

Mlles. LE CLERC, RICHER.

Mrs. GIROUX, SIMONIN.

Mlles. du Mont, Lolotte, Adrienne, Regnard, Efther, Fanfan, du Holan, Gruvel.

Mrs. la Rue, le Roi, 2., Giguet, Hennequin, c., Duffel. Barré, Fontaine, l'Argillière.

ACTE SECOND.

EUMÉNIDES.

Mrs. LEGER, RIVET, HELMS.

L'ENVIE,	M. Malter.
LE *DÉSESPOIR,*	M. Le Fevre.
LA *HAÎNE,*	M. Fontaine.
LA *JALOUSIE,*	Mlle. Compain.
LA *VENGEANCE,*	M. du Chaifne.
LE *POISON,*	Mlle. Vernier.

DÉMONS.

M. GARDEL.

Mrs. Trupti, Henri, le Roi, 1., Aubri, Lieffe, Pladix, Roiffi, du Pré, Guillet, Petit, des Bordes, de Laval, le Bel, Cafter, le Roi, 2., la Rue, Duffel, Barré

OMBRES HEUREUSES.

M. VESTRIS.

Mlle. GUIMARD.

Mlle. HEINEL.

Mlles. d'Elfevre, la Fond, Julie, Cléophile.

Mrs. Doſſion, Simonin, Hennequin, l., le Doux, Huart, Giroux, Dangui, le Breton.

Mlles. du Bois, Thevenet, Rozé, Martin, Perolle, Fanfan, St. Ouin, Henriette, du Meſnil, Felmé, Deshaies, Jonveau, du Mont, du Parc, Villette, Durville.

ACTE TROISIÈME.

SUITE DE L'AMOUR.

M. VESTRIS.

M. GARDEL, l.

Mlle. HEINEL.

M. GARDEL, c., Mlle. DORIVAL.

M. LE FEVRE.

Mlles. d'Elfevre, la Fond, Julie, Cléophile.

Mrs. Huart, Aubri, du Chaiſne, Helms, Doſſion, Simonin, Giroux, Barré, le Doux, Hennequin, l., le Breton, Petit.

Mlles. du Bois, Thevenet, Rozé, Lallin, Martin, Jonveau, St. Ouin, du Mont, du Meſnil, Perolle, Deshai

ORPHÉE

ORPHÉE et EURIDICE,

DRAME-HÉROÏQUE.

ACTE PREMIER.

(Le théâtre représente un bosquet agréable, mais soli-
taire, où on découvre le tombeau d'EURIDICE,
au milieu d'une allée de cyprès & de lauriers. La
scène est occupée par une troupe de Bergers & de
Bergeres, & de Nymphes de la suite d'ORPHÉE
& d'EURIDICE. Les uns portent des guirlandes
de myrthe, & des vases antiques dont on se ser-
voit dans les cérémonies funèbres ; & les autres
sont occupés à répandre des parfums, & à couvrir
de fleurs le tombeau sur lequel l'Hymen est ap-
puyé, ayant son flambeau éteint.
ORPHÉE *est assis sur un côté du théâtre , contre*
un arbre , où il a suspendu son casque & sa lyre ;
entiérement livré à sa douleur , il ne fait que ré-
*péter à tout moment le nom d'*EURIDICE*.)*

B

SCÈNE PREMIÈRE.

ORPHÉE, Troupe *de* BERGERS *& de* BERGERES.

NYMPHES *de la Suite d'*EURIDICE.

(*CHŒUR de la Suite d'*ORPHÉE *, avec le Ballet des* NYMPHES.

LE CHŒUR.

AH ! dans ce bois tranquile & fombre ,
Euridice ! fi ton ombre
Nous entend ,
Sois fenfible à nos allarmes ,
Vois nos peines , vois les larmes
Que pour toi l'on répand !
Ah ! prends pitié du malheureux Orphée !
Il foûpire , il gémit , il plaint fa deftinée ;
L'amoureufe tourterelle ,
Toujours tendre , toujours fidelle ,
Ainfi foûpire & meurt
De douleur.

(*Ballet - Pantomime des Nymphes & des Bergers.*)

O R P H É E , à fa Suite.

Vos plaintes, vos regrets, augmentent mon fupplice !
Aux mânes facrés d'Euridice

Rendez les suprêmes honneurs,
Et couvrez son tombeau de fleurs.

LE CHŒUR.

Ah ! dans ce bois tranquile & sombre
Euridice si ton ombre
Nous entend,
Sois sensible à nos allarmes ;
Vois nos peines, vois les larmes
Que pour toi l'on répand.

ORPHÉE, à sa Suite.

Éloignez-vous : ce lieu convient à mes malheurs,
Laissez-moi sans témoins y répandre des pleurs.

(*La Suite d'*ORPHÉE *se retire avec les Nymphes,
& ils se dispersent dans le bois.*)

SCÊNE II.

ORPHÉE, *seul.*

PREMIER AIR.

OBjet de mon amour !
Je te demande au jour
  Avant l'aurore ;
Et quand le jour s'enfuit ,
Ma voix pendant la nuit
  T'appelle encore !

Euridice ! ombre chere ! ah ! dans quels lieux ès-tu !
Ton époux gémissant, interdit, éperdu,
Te demande sans cesse à la nature entiere :
  Les vents, hélas ! emportent sa priere.

DEUXIEME AIR.

Accablé de regrèts
Je parcours des forêts
  La vaste enceinte :
Touché de mon destin
Echo répete envain
  Ma triste plainte.

Euridice ! de ce doux nom
Tout retentit, ces bois, ces rochers, ce vallon ;
Sur ces troncs dépouillés, fur l'écorce naiffante
On lit ces mots gravés par une main tremblante :
(Euridice n'eft plus, & je refpire encor ;
Dieux rendez-lui la vie ou donnez-moi la mort.)

TROISIEME AIR.

Plein de trouble & d'effroi,
Que de maux loin de toi
Mon cœur endure !
Témoin de mes malheurs,
Senfible à mes douleurs,
L'onde murmure.

Divinités de l'Achéron,
Miniftres redoutés de l'empire des Ombres ;
Vous, qui dans les demeures fombres,
Faites exécuter les arrêts de Pluton ;
Vous que n'attendrit point la beauté, la jeuneffe,
Vous, m'avez enlevé l'objet de ma tendreffe...
[O crüel fouvenir !]
Eh ! quoi, les graces de fon âge,
Du fort le plus affreux n'ont pû la garantir ?
Implacables tirans ! je veux vous la ravir !
Je faurai pénétrer jufqu'au fombre rivage ;
Mes accents douloureux fléchiront vos rigueurs,

Je me sens assez de courage
Pour braver toutes vos fureurs.

SCÈNE III.

ORPHÉE, L'AMOUR.

L'*AMOUR*.

L'Amour vient au secours de l'amant le plus tendre.
Rassure-toi : les Dieux sont touchés de ton sort ;
Dans les enfers tu peux descendre ;
Va trouver Euridice au séjour de la mort.

A i r.

Si les doux accords de ta lyre ;
Si tes accents mélodieux
Appaisent la fureur des tirans de ces lieux :
Tu la raméneras du ténébreux empire.

O R P H É E.

Dieux ! je la reverrois !

L'*AMOUR*.

Oui, mais pour l'obtenir,
Il faut te résoudre à remplir
L'ordre que je vais te prescrire.

O R P H É E.

Eh ! qui pourroit me retenir !
A tout mon ame est préparée.

L'A M O U R.

Apprends la volonté des Dieux :
Sur cette épouse adorée,
Garde - toi de porter un regard curieux,
Ou de toi pour jamais tu la vois séparée.
Tels sont de Jupiter les suprêmes décrets,
Rends-toi digne de ses bienfaits.

A I R.

Soûmis au silence
Contrains ton désir,
Fais - toi violence ;
Bientôt à ce prix tes tourmens vont finir.
Tu sçais qu'un amant
Discret & fidele,
Timide & tremblant
Auprès de sa belle,
En est plus touchant.
(*Il s'éloigne d'*ORPHÉE.)
Soumis au silence
Contrains ton désir,
Fais-toi violence ;
Bientôt à ce prix tes tourmens vont finir.

SCÊNE IV.

ORPHÉE, *seul.*

IMpitoyables Dieux ! qu'exigez-vous de moi !
Comment puis-je obéir à votre injuste loi !
Quoi, j'entendrai sa voix touchante
Je presserai sa main tremblante,
Sans que d'un seul regard... ô ciel ! quelle rigueur !
Eh bien... j'obéirai ! je saurai me contraindre.
Eh devrois-je encore me plaindre,
Lorsque j'obtiens des Dieux la plus grande faveur !

(*ORPHÉE prend sa lyre & met son casque*)

AIR.

L'espoir renaît dans mon âme ;
Pour l'objet qui m'enflâme,
L'Amour accroît ma flâme :
Je vais revoir ses appas.
L'enfer en vain nous sépare :
Les monstres du tartare
Ne m'épouvantent pas !

[*Après l'air,* ORPHÉE *porte ses pas avec intrépidité vers le chemin qui conduit aux Enfers.*]

FIN DU PREMIER ACTE.

ACTE

ACTE SECOND.

(Le théâtre change, & représente l'entrée des enfers, d'où on voit sortir une épaisse fumée mêlée de flámes. ORPHÉE fait entendre les sons de sa lyre. Les Spectres & les Furies étonnés, troublent par leurs danses, ses accords, & cherchent à l'épouvanter.)

SCÈNE PREMIÈRE.

TROUPE *de* DÉMONS *& de* FURIES.

O R P H É E.

(BALLET *des* FURIES.)

CHŒUR *des* DÉMONS.

QUEL est l'audacieux,
Qui dans ces sombres lieux

C

Ose porter ses pas,
Et devant le trépas
Ne frémit pas ?

Que l'effroi, la terreur
S'emparent de son cœur,
A l'affreux heurlement
De Cerbere écumant,
Et rugissant.

ORPHÉE s'approche des Démons en touchant
sa lyre.

Laissez-vous toucher par mes pleurs,
Spectres, larves, ombres terribles.

LE CHŒUR.

Non, non.

ORPHÉE.

Soyés sensibles
A l'excès de mes malheurs.

LE CHŒUR.

Qui t'amene en ces lieux,
Mortel présomptueux ?
C'est le séjour affreux,
Des remords dévorants,

Des gémissements
Et des tourmens.

ORPHÉE.

Ah ! la flâme qui me dévore,
Est cent fois plus cruelle encore :
L'enfer n'a point de tourments
Pareils à ceux que je ressents.

*CHŒUR des Démons attendris par le chant
d'ORPHÉE.*

Par quels puissants accords,
Dans le séjour des morts,
Malgré tous nos efforts,
Il calme la fureur de nos transports !

(*Les Spectres expriment par leurs gestes, leurs
attendrissements.*)

ORPHÉE.

La tendresse,
Qui me presse,
Calmera votre fureur ;
Oui, mes larmes,
Mes allarmes
Fléchiront votre rigueur.

CHŒUR des Démons.

Quels accords raviſſants !
Quels ſons doux & touchants !
De ſi tendres accents
Ont ſu nous déſarmer,
Et nous charmer.

CHŒUR des Démons qui environnent
ORPHÉE.

Qu'il deſcende aux Enfers
Les chemins ſont ouverts ;
Tout cede à la douceur
De ſon art enchanteur
Il eſt vainqueur !

(Pendant le CHŒUR, les portes de l'enfer s'ou
vrent : ORPHÉE ſe fait un paſſage au milieu
des Spectres enchantés par les ſons de ſa lyre.
Il entre dans les enfers. Les Démons & les
Furies terminent la Scêne par un Ballet général,
& enſuite ſe précipitent dans un gouffre.)

SCÊNE II.

(Le théâtre change & repréfente les Champs Éli-
fées. On y voit des berceaux couverts de fleurs;
des bofquets, des fontaines, & des tapis de
verdure, fur lefquels fe repofent les OMBRES
HEUREUSES *divifées en différents groupes.)*

(BALLET *des* OMBRES HEUREUSES.)

EURIDICE, Troupe d'OMBRES HEUREUSES.
Troupe de HÉROS & d'HÉROINES.

EURIDICE voilée, fuivie de plufieurs OMBRES.

A I R, *alternativement avec le* CHŒUR,
de la Suite d' EURIDICE.

CEt afile
Aimable & tranquile,
Par le bonheur eft habité;
C'eft le riant féjour de la félicité.
Nul objet ici n'enflâme
L'ame;
Une douce ivreffe
Laiffe
Un calme heureux dans tous les fens;
Et la fombre trifteffe

Cesse

Dans ces lieux innocens.

Cet azile, &c.

(*Danse des* HÉROS *&* HÉROÏNES.)

(*EURIDICE s'éloigne de la Scêne, pendant le Ballet.*)

SCÊNE III.

ORPHÉE, *les* OMBRES HEUREUSES.

ORPHÉE.

QUel nouveau ciel pare ces lieux ?
Un jour plus doux s'offre à mes yeux ?
Quels sons harmonieux !
J'entends retentir ce bocage
Du ramage
Des oiseaux,
Du murmure des ruisseaux,
Et des soûpirs de Zéphire ;
On goûte en ce séjour un éternel repos :
Mais le calme qu'on y respire,
Ne sauroit adoucir mes maux.
Chere épouse, objet de ma flâme,

Toi seule y peux calmer le trouble de mon âme.
Tes accents
Tendres & touchants,
Tes regards séduisants,
Ton doux soûrire,
Sont les seuls biens que je désire.

DEUX OMBRES avec le CHŒUR.

Viens dans ce séjour paisible,
Époux tendre, amant sensible ;
Viens bannir tes justes regrets :
Euridice va paroître,
Euridice va renaître
Avec de nouveaux attraits.

ORPHÉE.

O vous, ombres que j'implore,
Hâtez-vous de la rendre à mes empressements ?
Ah ! si vous ressentiez le feu qui me dévore,
Je jouïrois déjà de ses embrassements ;
Offrez à mes regards la beauté que j'adore ;
Hâtez-vous de me rendre heureux.

LES OMBRES.

Le destin répond à tes vœux.

SCÈNE IV.

LES OMBRES, ORPHÉE, EURIDICE,
voilée, dans l'eloignement.

(Danse des OMBRES.)

CHŒUR des OMBRES, à EURIDICE.

PRès du tendre objet qu'on aime,
On jouit du bien suprême :
Goûtes le fort le plus doux,
Va renaître pour Orphée ;
On retrouve l'Élisée
Auprès d'un si tendre Époux.

*(Ballet général des OMBRES HEUREUSES qui
ramenent ORPHÉE & EURIDICE.)*

FIN DU SECOND ACTE.

ACTE

ACTE TROISIÉME.

(*Le théâtre représente une caverne obscure & inhabitée, qui forme un labirinthe tortueux, par des sentiers entrecoupés, & qui conduit hors des enfers. On y voit des masses de rochers entassés & couverts de ronces & de plantes sauvages. ORPHÉE tenant EURIDICE par la main, sans la regarder, paroît dans l'éloignement, & s'avance d'un air inquiet & agité.*)

SCÈNE PREMIÈRE.

ORPHÉE, EURIDICE.

ORPHÉE à EURIDICE, sans la voir, la tenant par la main.

Viens, viens, Euridice, suis-moi ;
Du plus constant amour objet unique & tendre !

EURIDICE.

C'eſt toi...
Je te voi...
Ciel ! devois-je m'attendre ? ...

ORPHÉE.

Oui, tu vois ton époux ; c'eſt moi, je vis encor,
Et je viens t'arracher au ſéjour de la mort.
Touché de mon ardeur fidelle ,
Jupiter au jour te rappelle.

EURIDICE.

Quoi , je vis, & pour toi ?
Ah ! grands dieux , quel bonheur !

ORPHÉE.

Euridice , ſuis-moi . .
Hâtons-nous de jouïr de la faveur céleſte ;
Sortons de ce ſéjour funeſte :
Non tu n'es plus une ombre , & le dieu des amours
Va nous réunir pour toûjours.

EURIDICE.

Qu'entends-je ! ah ſe peut-il ! heureuſe deſtinée !
Eh quoi , nous pouvons reſſerrer
Les nœuds d'amour & d'himenée !

O R P H É E.

Oui : fuis mes pas fans differer.

(*Il quitte la main d'Euridice.*)

E U R I D I C E.

Mais par ta main, ma main n'eft plus preffée . .
Quoi tu fuis ces regards que tu chériffois tant !
Ton cœur pour Euridice eft-il indifferent ?
La fraîcheur de mes traits feroit-elle effacée ?

(*Euridice tire Orphée par le bras pour fe faire*
regarder.)

O R P H É E.

(*à part.*)   (*haut.*)
O dieux ! quelle contrainte ! Euridice, fuis-moi...
        Fuyons de ces lieux, le tems prèffe,
Je voudrois t'exprimer l'excès de ma tendreffe...
        (*à part.*)
        Je ne le puis ! oh ! trop funefte loi !
E U R I D I C E.
(*tendrement.*)
Un feul de tes regards...

O R P H É E.

        Tu me glaces d'effroi !
                D ij

EURIDICE.

Ah barbare !
Sont-ce là les douceurs que ton cœur me prépare ?
Eſt-ce donc là le prix de mon amour ?
O fortune jalouſe !
Orphée hélas ! ſe refuſe en ce jour
Aux tranſports innocents de ſa fidelle épouſe ?

ORPHÉE.

Par tes ſoupçons cèſſe de m'outrager.

EURIDICE.

Tu me rends à la vie & c'eſt pour m'affliger.
Dieux, reprenez un bienfait que j'abhorre !
Ah ! cruel époux, laiſſe moi !

DUO.
ORPHÉE.

Viens ſuis un époux qui t'adore.

EURIDICE.

Non, ingrat, je préfere encore
La mort qui m'éloigne de toi !

ORPHÉE.

Vois ma peine,

EURIDICE.

Laiſſe Euridice.

ORPHÉE.

Ah cruelle ! quelle injuftice !
Je fuivrai toûjours tes pas.

EURIDICE.

Parle, contente mon envie ?

ORPHÉE.

Dût-il m'en coûter la vie,
Non, je ne parlerai pas !

EURIDICE & ORPHÉE , enfemble à part ,
& fans fe regarder.

Dieux ! foyez-moi favorables !
Voyez mes pleurs !
Dieux fecourables,
Quelles rigueurs ;
Quels tourments infupportables
Mêlez-vous à vos faveurs !

(*ORPHÉE troublé , s'appuie contre un rocher ,*
dans la plus grande confternation.)

EURIDICE à part , éloignée d'ORPHÉE.

Mais d'où vient qu'il s'obftine à garder le filence ?
Quel fecret veut-il me cacher ?
Au féjour du repos devoit-il m'arracher,
Pour m'accâbler de fon indifference !

O deſtin rigoureux !
Ma force m'abandonne,
Le voile de la mort retombe ſur mes yeux,
Je tremble, je languis, je friſſonne,
Je pâlis,
Je frémis ;
Mon cœur palpite,
Un trouble ſecret m'agite,
Tous mes ſens ſont ſaiſis d'horreur,
Et je ſuccombe à ma douleur.

A I R.

Fortune ennemie !
Quelle barbarie !
Ne me rends-tu la vie
Que pour les tourments ?
Je goûtois les charmes
D'un repos ſans allarmes ;
Le trouble, les larmes
Rempliſſent aujourd'hui mes malheureux moments.
Fortune ennemie !
Quelle barbarie !
Ne me rends-tu la vie
Que pour les tourments ?

O R P H É E.

(*à part.*)
Quelle épreuve cruelle.

EURIDICE.

(*à part.*)   (*haut.*)

Il m'abandonne… Orphée !
Quoi tu refuses du secours
A ton épouse désolée ?
O dieux, à vous seul j'ai recours ;
Hélas ! dois-je finir mes jours,
Sans un regard de ce que j'aime ?

ORPHÉE, *à part.*

Je sens mon courage expirer,
Et ma raison se perd dans mon amour extrême ;
J'oublie & la défense, Euridice & moi-même !
Ciel !

(*Il fait un mouvement pour se retourner, & tout
à coup se retient.*)

EURIDICE.

Cher époux, je puis à peine respirer.

(*Elle tombe sur un rocher.*)

ORPHÉE.

Rassure-toi, je vais tout dire.

(*à part.*)

Apprends…. que fais-je ! Ah justes dieux !
Quand finirez-vous mon martyre ?

EURIDICE, *d'une voix entrecoupée.*

Reçois donc mes derniers adieux…
Et souviens-toi d'Euridice….

ORPHÉE, avec transport.

Où suis-je ! je ne puis résister à ses pleurs....
Non, le ciel ne veut pas un plus grand sacrifice !
O ma chere ... Euridice !

(*Il se retourne avec impétuosité.*)

EURIDICE fait un effort pour se lever,
& meurt.

Orphée ! o ciel, je meurs !

ORPHEE.

Malheureux qu'ai-je fait ! & dans quel précipice
M'a plongé mon funeste amour ?
Chere épouse ! Euridice !
Elle ne m'entend plus, je la perds sans retour :
C'est moi qui lui ravis le jour !
O loi fatale !
O peine sans égale !
Inutile remord !
Dans ce moment funeste,
Le désespoir, la mort,
Est tout ce qui me reste !

A i r.

J'ai perdu mon Euridice,
Rien n'égale mon malheur ;

Sort

Sort cruel ! quelle rigueur !
Je fuccombe à ma douleur !
Euridice, réponds-moi... quel fupplice !
C'eft ton époux fidelle,
Entends ma voix qui t'appelle...
Mortel filence !
Vaine efpérance !
Quelle fouffrance !
Quels tourments déchirent mon cœur !

J'ai perdu, *&c.*

Ah ! puiffe ma douleur finir avec ma vie !
Je ne furvivrai point à ce dernier revers,
Je touche encore aux portes des enfers ;
J'aurai bientôt rejoint mon époufe chérie.
Oui je te fuis, tendre objet de ma foi ;
Je te fuis, attends-moi,
Tu ne me feras plus ravie,
Et la mort pour jamais va m'unir avec toi !

(*Orphée tire fon épée pour fe tuer, & l'Amour
qui paroît tout à coup retient fon bras.*)

E

SCÊNE II.

ORPHÉE, L'AMOUR, EURIDICE.

L'*AMOUR.*

Arrête… Orphée.

O R P H É E.

O ciel, qui pourroit en ce jour,
Retenir les tranfports de mon ame égarée !

L'*AMOUR.*

Calme ta fureur infenfée,
Arrête, & reconnois l'Amour,
Qui veille fur ta deftinée.

O R P H É E.

Qu'exigez-vous de moi !

L'*AMOUR.*

Tu viens de me prouver ta conftance & ta foi;
Je vais foulager ton martyre.
Sois heureux.

(*L'Amour touche Euridice, & l'anime.*)

Euridice ! respire !
Du plus fidele époux viens couronner les feux :

ORPHÉE, *avec transport.*

Mon Euridice !

EURIDICE.

Orphée !

ORPHÉE.

Ah ! justes dieux !
Quelle est notre reconnoissance !

L'AMOUR.

Rendez hommage à ma puissance :
Je viens vous retirer de cet affreux séjour ;
Jouissez désormais des faveurs de l'Amour.

TRIO.
ORPHÉE.

Tendre amour, à tes peines,
Que tu mêles de douceurs !

EURIDICE.

Tendre Amour , que tes chaînes
Ont de charmes pour nos cœurs.

L'AMOUR.

Je dédommage tous les cœurs,
Par un inſtant de mes faveurs :
Que l'ardeur qui vous enflâme
Toujours regne dans votre âme ;
Ne craignez plus mes rigueurs.

EURIDICE ET ORPHÉE.

Quel tranſport & quel délire
O tendre Amour ta faveur nous inſpire !
Célebrons pour jamais
Tes bienfaits !

L'AMOUR.

Célébrez pour jamais
Mes bienfaits.

+-+

SCÈNE DERNIÈRE.

(Le théâtre change & repréfente un temple magnifique
dédié à l'Amour.)

ORPHÉE , EURIDICE , l'AMOUR ; *fuite de*
l'Amour ; troupe de NIMPHES *de la fuite*
*d'*ORPHÉE *&* d'EURIDICE ; *troupe de* BERGERS *&*
de BERGERES.

(Ballet de la fuite de l'Amour.)

ORPHÉE.

L'Amour triomphe, & tout ce qui refpire
      Sert l'empire
      De la beauté ;
   Sa chaîne agréable
   Eft préférable
   A la liberté.

LE CHŒUR.

L'amour triomphe , &c.

L'AMOUR.

Dans les peines, dans les allarmes,
Je fais fouvent languir les cœurs ;

Mais dans un inſtant mes charmes
Font pour jamais oublïer mes rigueurs.

LE CHŒUR.

L'amour trïomphe, &c.

EURIDICE.

Si la cruelle jalouſie
A troublé mes tendres deſirs,
Les douceurs dont elle eſt ſuivie
Sont des chaînes de plaiſirs.

LE CHŒUR.

L'amour trïomphe, &c.

(BALLET GÉNÉRAL.)

FIN.

APPROBATION.

J'Ai lu , par ordre de Monſeigneur le Chancelier, ORPHÉE & EURIDICE , Drame Héroïque : & je crois qu'on peut en permettre l'impreſſion.

A Paris, ce 30 Juin 1774.

MARIN.

www.ingramcontent.com/pod-product-compliance
Ingram Content Group UK Ltd.
Pitfield, Milton Keynes, MK11 3LW, UK
UKHW020057100726
13658UKWH00004B/1811